Wilhelm Müller

Die schöne Müllerin

Die Winterreise

Zwei Gedichtzyklen

Wilhelm Müller: Die schöne Müllerin / Die Winterreise. Zwei Gedichtzyklen

Neuausgabe mit einer Biographie des Autors
Herausgegeben von Karl-Maria Guth
Berlin 2017

Der Text dieser Ausgabe folgt:
Wilhelm Müller: Gedichte. Vollständige kritische Ausgabe mit Einleitung und Anmerkungen besorgt von James Taft Hatfield, Berlin: B. Behr's Verlag, 1906 [= Deutsche Literaturdenkmale, Nr. 137 = 3. Folge, Nr. 17].

Die Paginierung obiger Ausgabe wird hier als Marginalie zeilengenau mitgeführt.

Umschlaggestaltung von Thomas Schultz-Overhage unter Verwendung des Bildes: Isaac Levitan, Winterlandschaft mit Mühle, 1884

Gesetzt aus der Minion Pro, 11 pt

Verlag: Henricus - Edition Deutsche Klassik GmbH
Mörchinger Str. 33, 14169 Berlin, info@henricus-verlag.de
Druck: Libri Plureos GmbH, Friedensallee 273, 22763 Hamburg

Die Ausgaben der Sammlung Hofenberg basieren auf zuverlässigen Textgrundlagen. Die Seitenkonkordanz zu anerkannten Studienausgaben machen Hofenbergtexte auch in wissenschaftlichem Zusammenhang zitierfähig.

ISBN 978-3-86199-912-6

Bibliografische Information der Deutschen Nationalbibliothek

Die Deutsche Nationalbibliothek verzeichnet diese Publikation in der Deutschen Nationalbibliografie; detaillierte bibliografische Daten sind im Internet über www.dnb.de abrufbar.

Inhalt

Die schöne Müllerin

(Im Winter zu lesen.)

Der Dichter, als Prolog

Ich lad' euch, schöne Damen, kluge Herrn,
Und die ihr hört und schaut was Gutes gern,
Zu einem funkelnagelneuen Spiel
Im allerfunkelnagelneusten Styl;
Schlicht ausgedrechselt, kunstlos zugestutzt,
Mit edler deutscher Rohheit aufgeputzt,
Keck wie ein Bursch im Stadtsoldatenstrauß,
Dazu wohl auch ein wenig fromm für's Haus:
Das mag genug mir zur Empfehlung sein,
Wem die behagt, der trete nur herein.
Erhoffe, weil es grad' ist Winterzeit,
Thut euch ein Stündlein hier im Grün nicht Leid;
Denn wißt es nur, daß heut' in meinem Lied
Der Lenz mit allen seinen Blumen blüht.
Im Freien geht die freie Handlung vor,
In reiner Luft, weit von der Städte Thor,
Durch Wald und Feld, in Gründen, auf den Höhn;
Und was nur in vier Wänden darf geschehn,
Das schaut ihr halb durch's offne Fenster an,
So ist der Kunst und euch genug gethan.

Doch wenn ihr nach des Spiels Personen fragt,
So kann ich euch, den Musen sei's geklagt,
Nur *eine* präsentiren recht und ächt,
Das ist ein junger blonder Müllersknecht.
Denn, ob der Bach zuletzt ein Wort auch spricht,
So wird ein Bach deshalb Person noch nicht.
Drum nehmt nur heut' das Monodram vorlieb:
Wer mehr giebt, als er hat, der heißt ein Dieb.

Auch ist dafür die Szene reich geziert,
Mit grünem Sammet unten tapeziert,
Der ist mit tausend Blumen bunt gestickt,
Und Weg und Steg darüber ausgedrückt.
Die Sonne strahlt von oben hell herein
Und bricht in Thau und Thränen ihren Schein,
Und auch der Mond blickt aus der Wolken Flor
Schwermüthig, wie's die Mode will, hervor.
Den Hintergrund umkränzt ein hoher Wald,
Der Hund schlägt an, das muntre Jagdhorn schallt;
Hier stürzt vom schroffen Fels der junge Quell
Und fließt im Thal als Bächlein silberhell;
Das Mühlrad braust, die Werke klappern drein,
Man hört die Vöglein kaum im nahen Hain.
Drum denkt, wenn euch zu rauh manch Liedchen klingt,
Daß das Lokal es also mit sich bringt.
Doch, was das Schönste bei den Rädern ist,
Das wird euch sagen mein Monodramist;
Verrieth' ich's euch, verdürb' ich ihm das Spiel:
Gehabt euch wohl und amüsirt euch viel!

4

Wanderschaft

Das Wandern ist des Müllers Lust,
Das Wandern!
Das muß ein schlechter Müller sein,
Dem niemals fiel das Wandern ein,
Das Wandern.

Vom Wasser haben wir's gelernt,
Vom Wasser!
Das hat nicht Rast bei Tag und Nacht,
Ist stets auf Wanderschaft bedacht,
Das Wasser.

Das sehn wir auch den Rädern ab,
Den Rädern!
Die gar nicht gerne stille stehn,
Die sich mein Tag nicht müde drehn,
Die Räder.

Die Steine selbst, so schwer sie sind,
Die Steine!
Sie tanzen mit den muntern Reihn
Und wollen gar noch schneller sein,
Die Steine.

O Wandern, Wandern, meine Lust,
O Wandern!
Herr Meister und Frau Meisterin,
Laßt mich in Frieden weiter ziehn
Und wandern.

Wohin?

Ich hört' ein Bächlein rauschen
Wohl aus dem Felsenquell,
Hinab zum Thale rauschen
So frisch und wunderhell.

Ich weiß nicht, wie mir wurde,
Nicht, wer den Rath mir gab,
Ich mußte gleich hinunter
Mit meinem Wanderstab.

Hinunter und immer weiter,
Und immer dem Bache nach,
Und immer frischer rauschte,
Und immer heller der Bach.

Ist das denn meine Straße?
O Bächlein, sprich, wohin?
Du hast mit deinem Rauschen
Mir ganz berauscht den Sinn.

Was sag' ich denn von Rauschen?
Das kann kein Rauschen sein:
Es singen wohl die Nixen
Dort unten ihren Reihn.

Laß singen, Gesell, laß rauschen,
Und wandre fröhlich nach!
Es gehn ja Mühlenräder
In jedem klaren Bach.

Halt!

Eine Mühle seh' ich blicken
Aus den Erlen heraus,
Durch Rauschen und Singen
Bricht Rädergebraus.

Ei willkommen, ei willkommen,
Süßer Mühlengesang!
Und das Haus, wie so traulich!
Und die Fenster, wie blank!

Und die Sonne, wie helle
Vom Himmel sie scheint!
Ei, Bächlein, liebes Bächlein,
War es also gemeint?

Danksagung an den Bach

War es also gemeint,
Mein rauschender Freund,
Dein Singen, dein Klingen,
War es also gemeint?

Zur Müllerin hin!
So lautet der Sinn.
Gelt, hab' ich's verstanden?
Zur Müllerin hin! 6

Hat *sie* dich geschickt?
Oder hast mich berückt?
Das möcht' ich noch wissen,
Ob *sie* dich geschickt.

Nun wie's auch mag sein,
Ich gebe mich drein:
Was ich such', ist gefunden,
Wie's immer mag sein.

Nach Arbeit ich frug,
Nun hab' ich genug,
Für die Hände, für's Herze
Vollauf genug! 7

Am Feierabend

Hätt' ich tausend
Arme zu rühren!
Könnt' ich brausend
Die Räder führen!
Könnt' ich wehen
Durch alle Haine!
Könnt' ich drehen
Alle Steine!
Daß die schöne Müllerin
Merkte meinen treuen Sinn!

Ach, wie ist mein Arm so schwach!
Was ich hebe, was ich trage,
Was ich schneide, was ich schlage,
Jeder Knappe thut es nach.
Und da sitz' ich in der großen Runde,
Zu der stillen kühlen Feierstunde,
Und der Meister spricht zu Allen:
Euer Werk hat mir gefallen;
Und das liebe Mädchen sagt
Allen eine gute Nacht.

Der Neugierige

Ich frage keine Blume,
Ich frage keinen Stern,
Sie können mir nicht sagen,
Was ich erführ' so gern.

Ich bin ja auch kein Gärtner,
Die Sterne stehn zu hoch;
Mein Bächlein will ich fragen,
Ob mich mein Herz belog.

O Bächlein meiner Liebe,
Wie bist du heut' so stumm!
Will ja nur Eines wissen,
Ein Wörtchen um und um.

Ja, heißt das eine Wörtchen,
Das andre heißet Nein,
Die beiden Wörtchen schließen
Die ganze Welt mir ein.

O Bächlein meiner Liebe,
Was bist du wunderlich!
Will's ja nicht weiter sagen,
Sag', Bächlein, liebt sie mich?

Das Mühlenleben

Seh' ich sie am Bache sitzen,
Wenn sie Fliegennetze strickt,
Oder Sonntags für die Fenster
Frische Wiesenblumen pflückt;

Seh' ich sie zum Garten wandeln,
Mit dem Körbchen in der Hand,
Nach den ersten Beeren spähen
An der grünen Dornenwand:

Dann wird's eng' in meiner Mühle,
Alle Mauern ziehn sich ein,
Und ich möchte flugs ein Fischer,
Jäger oder Gärtner sein.

Und der Steine lustig Pfeifen,
Und des Wasserrads Gebraus,
Und der Werke emsig Klappern,
'S jagt mich fast zum Thor hinaus.

Aber wenn in guter Stunde
Plaudernd sie zum Burschen tritt,
Und als kluges Kind des Hauses
Seitwärts nach dem Rechten sieht;

Und verständig lobt den Einen,
Daß der Andre merken mag,
Wie er's besser treiben solle,
Geht er ihrem Danke nach –

Keiner fühlt sich recht getroffen,
Und doch schießt sie nimmer fehl,
Jeder muß von Schonung sagen,
Und doch hat sie keinen Hehl.

Keiner wünscht, sie möchte gehen,
Steht sie auch als Herrin da,
Und fast wie das Auge Gottes
Ist ihr Bild uns immer nah. –

Ei, da mag das Mühlenleben
Wohl des Liedes würdig sein,
Und die Räder, Stein' und Stampfen
Stimmen als Begleitung ein.

Alles geht in schönem Tanze
Auf und ab, und ein und aus:
Gott gesegne mir das Handwerk
Und des guten Meisters Haus!

9

Ungeduld

Ich schnitt' es gern in alle Rinden ein,
Ich grüb' es gern in jeden Kieselstein,
Ich möcht' es sä'n auf jedes frische Beet
Mit Kressensamen, der es schnell verräth,
Auf jeden weißen Zettel möcht' ich's schreiben:
Dein ist mein Herz, und soll es ewig bleiben.

Ich möcht' mir ziehen einen jungen Staar,
Bis daß er spräch' die Worte rein und klar,
Bis er sie spräch' mit meines Mundes Klang,
Mit meines Herzens vollem, heißem Drang;
Dann säng' er hell durch ihre Fensterscheiben:
Dein ist mein Herz, und soll es ewig bleiben.

Den Morgenwinden möcht' ich hauchen ein,
Ich möcht' es säuseln durch den regen Hain;
O, leuchtet' es aus jedem Blumenstern!
Trüg' es der Duft zu ihr von nah und fern!
Ihr Wogen, könnt ihr nichts als Räder treiben?
Dein ist mein Herz, und soll es ewig bleiben.

Ich meint', es müßt' in meinen Augen stehn,
Auf meinen Wangen müßt' man's brennen sehn,
Zu lesen wär's auf meinem stummen Mund,
Ein jeder Athemzug gäb's laut ihr kund;
Und sie merkt nichts von all' dem bangen Treiben:
Dein ist mein Herz, und soll es ewig bleiben!

Morgengruß

Guten Morgen, schöne Müllerin!
Wo steckst du gleich das Köpfchen hin,
Als wär' dir was geschehen?
Verdrießt dich denn mein Gruß so schwer?
Verstört dich denn mein Blick so sehr?
So muß ich wieder gehen.   10

O laß mich nur von ferne stehn,
Nach deinem lieben Fenster sehn,
Von ferne, ganz von ferne!
Du blondes Köpfchen, komm hervor!
Hervor aus eurem runden Thor,
Ihr blauen Morgensterne!

Ihr schlummertrunknen Äugelein,
Ihr thaubetrübten Blümelein,
Was scheuet ihr die Sonne?
Hat es die Nacht so gut gemeint,
Daß ihr euch schließt und bückt und weint
Nach ihrer stillen Wonne?

Nun schüttelt ab der Träume Flor,
Und hebt euch frisch und frei empor
In Gottes hellen Morgen!
Die Lerche wirbelt in der Luft,
Und aus dem tiefen Herzen ruft
Die Liebe Leid und Sorgen.   11

Des Müllers Blumen

Am Bach viel kleine Blumen stehn,
Aus hellen blauen Augen sehn;
Der Bach der ist des Müllers Freund,
Und hellblau Liebchens Auge scheint,
Drum sind es meine Blumen.

Dicht unter ihrem Fensterlein
Da pflanz' ich meine Blumen ein,
Da ruft ihr zu, wenn Alles schweigt,
Wenn sich ihr Haupt zum Schlummer neigt,
Ihr wißt ja, was ich meine.

Und wenn sie thät die Äuglein zu,
Und schläft in süßer, süßer Ruh',
Dann lispelt als ein Traumgesicht
Ihr zu: Vergiß, vergiß mein nicht!
Das ist es, was ich meine.

Und schließt sie früh die Laden auf,
Dann schaut mit Liebesblick hinauf:
Der Thau in euren Äugelein,
Das sollen meine Thränen sein,
Die will auf euch meinen.

Thränenregen

Wir saßen so traulich beisammen
Im kühlen Erlendach,
Wir schauten so traulich zusammen
Hinab in den rieselnden Bach.

Der Mond war auch gekommen,
Die Sternlein hinterdrein,
Und schauten so traulich zusammen
In den silbernen Spiegel hinein.

Ich sah nach keinem Monde,
Nach keinem Sternenschein,
Ich schaute nach ihrem Bilde,
Nach ihren Augen allein.

Und sahe sie nicken und blicken
Herauf aus dem seligen Bach,
Die Blümlein am Ufer, die blauen,
Sie nickten und blickten ihr nach.

Und in den Bach versunken
Der ganze Himmel schien,
Und wollte mich mit hinunter
In seine Tiefe ziehn.

Und über den Wolken und Sternen
Da rieselte munter der Bach,
Und rief mit Singen und Klingen:
Geselle, Geselle, mir nach!

Da gingen die Augen mir über,
Da ward es im Spiegel so kraus;
Sie sprach: Es kommt ein Regen,
Ade, ich geh' nach Haus.

Mein!

Bächlein, laß dein Rauschen sein!
Räder, stellt eur Brausen ein!
All' ihr muntern Waldvögelein,
Groß und klein,
Endet eure Melodein!
Durch den Hain
Aus und ein
Schalle heut' *ein* Reim allein:
Die geliebte Müllerin ist *mein!*
Mein!
Frühling, sind das alle deine Blümelein?
Sonne, hast du keinen hellern Schein?
Ach, so muß ich ganz allein,
Mit dem seligen Worte *mein,*
Unverstanden in der weiten Schöpfung sein!

Pause

Meine Laute hab' ich gehängt an die Wand,
Hab' sie umschlungen mit einem grünen Band –
Ich kann nicht mehr singen, mein Herz ist zu voll,
Weiß nicht, wie ich's in Reime zwingen soll.
Meiner Sehnsucht allerheißesten Schmerz
Durft' ich aushauchen in Liederscherz,
Und wie ich klagte so süß und fein,
Meint' ich doch, mein Leiden wär' nicht klein.
Ei, wie groß ist wohl meines Glückes Last,
Daß kein Klang auf Erden es in sich faßt?

Nun, liebe Laute, ruh' an dem Nagel hier!
Und weht ein Lüftchen über die Saiten dir,
Und streift eine Biene mit ihren Flügeln dich,
Da wird mir bange und es durchschauert mich. 13
Warum ließ ich das Band auch hängen so lang'?
Oft fliegt's um die Saiten mit seufzendem Klang.
Ist es der Nachklang meiner Liebespein?
Soll es das Vorspiel neuer Lieder sein? 14

Mit dem grünen Lautenbande

»Schad' um das schöne grüne Band,
Daß es verbleicht hier an der Wand,
Ich hab' das Grün so gern!«
So sprachst du, Liebchen, heut' zu mir;
Gleich knüpf' ich's ab und send' es dir:
Nun hab' das Grüne gern!

Ist auch dein ganzer Liebster weiß,
Soll Grün doch haben seinen Preis,
Und ich auch hab' es gern.
Weil unsre Lieb' ist immergrün,
Weil grün der Hoffnung Fernen blühn,
Drum haben wir es gern.

Nun schlingst du in die Locken dein
Das grüne Band gefällig ein,
Du hast ja 's Grün so gern.
Dann weiß ich, wo die Hoffnung wohnt,
Dann weiß ich, wo die Liebe thront,
Dann hab' ich 's Grün erst gern.

Der Jäger

Was sucht denn der Jäger am Mühlbach hier?
Bleib', trotziger Jäger, in deinem Revier!
Hier giebt es kein Wild zu jagen für dich,
Hier wohnt nur ein Rehlein, ein zahmes, für mich.
Und willst du das zärtliche Rehlein sehn,
So laß deine Büchsen im Walde stehn,
Und laß deine klaffenden Hunde zu Haus,
Und laß auf dem Horne den Saus und Braus,
Und scheere vom Kinne das struppige Haar,
Sonst scheut sich im Garten das Rehlein fürwahr.

Doch besser, du bliebest im Walde dazu,
Und ließest die Mühlen und Müller in Ruh'.
Was taugen die Fischlein im grünen Gezweig?
Was will denn das Eichhorn im bläulichen Teich?
Drum bleibe, du trotziger Jäger, im Hain,
Und laß mich mit meinen drei Rädern allein;
Und willst meinem Schätzchen dich machen beliebt,
So wisse, mein Freund, was ihr Herzchen betrübt:
Die Eber, die kommen zu Nacht aus dem Hain,
Und brechen in ihren Kohlgarten ein,
Und treten und wühlen herum in dem Feld:
Die Eber die schieße, du Jägerheld!

Eifersucht und Stolz

Wohin so schnell, so kraus, so wild, mein lieber Bach?
Eilst du voll Zorn dem frechen Bruder Jäger nach?
Kehr' um, kehr' um, und schilt erst deine Müllerin
Für ihren leichten, losen, kleinen Flattersinn.
Sahst du sie gestern Abend nicht am Thore stehn,
Mit langem Halse nach der großen Straße sehn?
Wenn von dem Fang der Jäger lustig zieht nach Haus,
Da steckt kein sittsam Kind den Kopf zum Fenster 'naus.
Geh', Bächlein, hin und sag' ihr das, doch sag' ihr nicht,
Hörst du, kein Wort, von meinem traurigen Gesicht;
Sag' ihr: Er schnitzt bei mir sich eine Pfeif' aus Rohr,
Und bläst den Kindern schöne Tänz' und Lieder vor.

Erster Schmerz, letzter Scherz

Nun sitz' am Bache nieder
Mit deinem hellen Rohr,
Und blas' den lieben Kindern
Die schönen Lieder vor.

15

Die Lust ist ja verrauschet,
Das Leid hat immer Zeit:
Nun singe neue Lieder
Von alter Seligkeit.

Noch blühn die alten Blumen,
Noch rauscht der alte Bach,
Es scheint die liebe Sonne
Noch wie am ersten Tag.

Die Fensterscheiben glänzen
Im klaren Morgenschein,
Und hinter den Fensterscheiben
Da sitzt die Liebste mein.

Ein Jäger, ein grüner Jäger,
Der liegt in ihrem Arm –
Ei, Bach, wie lustig du rauschest!
Ei, Sonne, wie scheinst du so warm!

Ich will einen Strauß dir pflücken,
Herzliebste, von buntem Klee,
Den sollst du mir stellen an's Fenster,
Damit ich den Jäger nicht seh'.

Ich will mit Rosenblättern
Den Mühlensteg bestreun:
Der Steg hat mich getragen
Zu dir, Herzliebste mein!

Und wenn der stolze Jäger
Ein Blättchen mir zertritt,
Dann stürz', o Steg, zusammen
Und nimm den Grünen mit!

Und trag' ihn auf dem Rücken
In's Meer, mit gutem Wind,
Nach einer fernen Insel,
Wo keine Mädchen sind.

Herzliebste, das Vergessen,
Es kommt dir ja nicht schwer –
Willst du den Müller wieder?
Vergißt dich nimmermehr.

Die liebe Farbe

In Grün will ich mich kleiden,
In grüne Thränenweiden,
Mein Schatz hat 's Grün so gern.
Will suchen einen Zypressenhain,
Eine Heide voll grünem Rosmarein,
Mein Schatz hat 's Grün so gern.

Wohlauf zum fröhlichen Jagen!
Wohlauf durch Heid' und Hagen!
Mein Schatz hat 's Jagen so gern.
Das Wild, das ich jage, das ist der Tod,
Die Heide, die heiß' ich die Liebesnoth,
Mein Schatz hat 's Jagen so gern.

Grabt mir ein Grab im Wasen,
Deckt mich mit grünem Rasen,
Mein Schatz hat 's Grün so gern.
Kein Kreuzlein schwarz, kein Blümlein bunt,
Grün, Alles grün so rings und rund!
Mein Schatz hat 's Grün so gern.

Die böse Farbe

Ich möchte ziehn in die Welt hinaus,
Hinaus in die weite Welt,
Wenn's nur so grün, so grün nicht wär'
Da draußen in Wald und Feld!

Ich möchte die grünen Blätter all'
Pflücken von jedem Zweig,
Ich möchte die grünen Gräser all'
Weinen ganz todtenbleich.

Ach Grün, du böse Farbe du,
Was siehst mich immer an,
So stolz, so keck, so schadenfroh,
Mich armen weißen Mann?

Ich möchte liegen vor ihrer Thür,
In Sturm und Regen und Schnee,
Und singen ganz leise bei Tag und Nacht
Das eine Wörtchen Ade!

Horch, wenn im Wald ein Jagdhorn ruft,
Da klingt ihr Fensterlein,
Und schaut sie auch nach mir nicht aus,
Darf ich doch schauen hinein.

O binde von der Stirn dir ab
Das grüne, grüne Band,
Ade, Ade! und reiche mir
Zum Abschied deine Hand!

Blümlein Vergißmein

Was treibt mich jeden Morgen
So tief in's Holz hinein?
Was frommt mir, mich zu bergen
Im unbelauschten Hain?

Es blüht auf allen Fluren
Blümlein *Vergiß mein nicht,*
Es schaut vom heitern Himmel
Herab in blauem Licht.

Und soll ich's niedertreten,
Bebt mir der Fuß zurück,
Es fleht aus jedem Kelche
Ein wohlbekannter Blick.

Weißt du, in welchem Garten
Blümlein *Vergiß mein* steht?
Das Blümlein muß ich suchen,
Wie auch die Straße geht.

18

'S ist nicht für Mädchenbusen,
So schön sieht es nicht aus:
Schwarz, schwarz ist seine Farbe,
Es paßt in keinen Strauß.

Hat keine grüne Blätter,
Hat keinen Blüthenduft,
Es windet sich am Boden
In nächtig dumpfer Luft.

Wächst auch an einem Ufer,
Doch unten fließt kein Bach,
Und willst das Blümlein pflücken,
Dich zieht der Abgrund nach.

Das ist der rechte Garten,
Ein schwarzer, schwarzer Flor:
Darauf magst du dich betten –
Schleuß zu das Gartenthor!

Trockne Blumen

Ihr Blümlein alle,
Die sie mir gab,
Euch soll man legen
Mit mir in's Grab.

Wie seht ihr alle
Mich an so weh,
Als ob ihr wüßtet,
Wie mir gescheh'?

Ihr Blümlein alle,
Wie welk, wie blaß?
Ihr Blümlein alle,
Wovon so naß?

Ach, Thränen machen
Nicht maiengrün,
Machen todte Liebe
Nicht wieder blühn.

Und Lenz wird kommen,
Und Winter wird gehn,
Und Blümlein werden
Im Grase stehn,

Und Blümlein liegen
In meinem Grab,
Die Blümlein alle,
Die sie mir gab.

Und wenn sie wandelt
Am Hügel vorbei,
Und denkt im Herzen:
Der meint' es treu!

Dann Blümlein alle,
Heraus, heraus!
Der Mai ist kommen,
Der Winter ist aus.

Der Müller und der Bach

Der Müller.

Wo ein treues Herze
In Liebe vergeht.
Da welken die Lilien
Auf jedem Beet.

Da muß in die Wolken
Der Vollmond gehn,
Damit seine Thränen
Die Menschen nicht sehn.

Da halten die Englein
Die Augen sich zu,
Und schluchzen und singen
Die Seele zu Ruh'.

20

Der Bach.

Und wenn sich die Liebe
Dem Schmerz entringt,
Ein Sternlein, ein neues,
Am Himmel erblinkt.

Da springen drei Rosen,
Halb roth, halb weiß,
Die welken nicht wieder,
Aus Dornenreis.

Und die Engelein schneiden
Die Flügel sich ab,
Und gehn alle Morgen
Zur Erde hinab.

Der Müller.

Ach, Bächlein, liebes Bächlein,
Du meinst es so gut:
Ach, Bächlein, aber weißt du,
Wie Liebe thut?

Ach, unten, da unten,
Die kühle Ruh'!
Ach, Bächlein, liebes Bächlein,
So singe nur zu.

21

Des Baches Wiegenlied

Gute Ruh', gute Ruh'!
Thu' die Augen zu!
Wandrer, du müder, du bist zu Haus.
Die Treu' ist hier,
Sollst liegen bei mir,
Bis das Meer will trinken die Bächlein aus.

Will betten dich kühl,
Auf weichem Pfühl,
In dem blauen krystallenen Kämmerlein.
Heran, heran,
Was wiegen kann,
Woget und wieget den Knaben mir ein!

Wenn ein Jagdhorn schallt
Aus dem grünen Wald,
Will ich sausen und brausen wohl um dich her.
Blickt nicht herein,
Blaue Blümelein!
Ihr macht meinem Schläfer die Träume so schwer.

Hinweg, hinweg
Von dem Mühlensteg,
Böses Mägdlein, daß ihn dein Schatten nicht weckt!
Wirf mir herein
Dein Tüchlein fein,
Daß ich die Augen ihm halte bedeckt!

Gute Nacht, gute Nacht!
Bis Alles wacht,
Schlaf' aus deine Freude, schlaf' aus dein Leid!
Der Vollmond steigt,
Der Nebel weicht,
Und der Himmel da oben, wie ist er so weit!

21

22

Der Dichter, als Epilog

Weil gern man schließt mit einer runden Zahl,
Tret' ich noch einmal in den vollen Saal,
Als letztes, fünf und zwanzigstes Gedicht,
Als Epilog, der gern das Klügste spricht.
Doch pfuschte mir der Bach in's Handwerk schon
Mit seiner Leichenred' im nassen Ton.
Aus solchem hohlen Wasserorgelschall
Zieht Jeder selbst sich besser die Moral;
Ich geb' es auf, und lasse diesen Zwist,
Weil Widerspruch nicht meines Amtes ist.

So hab' ich denn nichts lieber hier zu thun,
Als euch zum Schluß zu wünschen, wohl zu ruhn.
Wir blasen unsre Sonn' und Sternlein aus –
Nun findet euch im Dunkel gut nach Haus,
Und wollt ihr träumen einen leichten Traum,
So denkt an Mühlenrad und Wasserschaum,
Wenn ihr die Augen schließt zu langer Nacht,
Bis es den Kopf zum Drehen euch gebracht.
Und wer ein Mädchen führt an seiner Hand,
Der bitte scheidend um ein Liebespfand,
Und giebt sie heute, was sie oft versagt,
So sei des treuen Müllers treu gedacht
Bei jedem Händedruck, bei jedem Kuß,
Bei jedem heißen Herzensüberfluß:
Geb' ihm die Liebe für sein kurzes Leid
In eurem Busen lange Seligkeit!

Die Winterreise

Gute Nacht

Fremd bin ich eingezogen,
Fremd zieh' ich wieder aus.
Der Mai war mir gewogen
Mit manchem Blumenstrauß.
Das Mädchen sprach von Liebe,
Die Mutter gar von Eh' –
Nun ist die Welt so trübe,
Der Weg gehüllt in Schnee.

Ich kann zu meiner Reisen
Nicht wählen mit der Zeit:
Muß selbst den Weg mir weisen
In dieser Dunkelheit.
Es zieht ein Mondenschatten
Als mein Gefährte mit,
Und auf den weißen Matten
Such' ich des Wildes Tritt.

Was soll ich länger weilen,
Bis man mich trieb' hinaus?
Laß irre Hunde heulen
Vor ihres Herren Haus!
Die Liebe liebt das Wandern, –
Gott hat sie so gemacht –
Von Einem zu dem Andern –
Fein Liebchen, Gute Nacht!

Will dich im Traum nicht stören,
Wär' Schad' um deine Ruh',
Sollst meinen Tritt nicht hören –
Sacht, sacht die Thüre zu!
Ich schreibe nur im Gehen

An's Thor noch gute Nacht,
Damit du mögest sehen,
Ich hab' an dich gedacht.

112

Die Wetterfahne

Der Wind spielt mit der Wetterfahne
Auf meines schönen Liebchens Haus.
Da dacht' ich schon in meinem Wahne,
Sie pfiff' den armen Flüchtling aus.

Er hätt' es ehr bemerken sollen,
Des Hauses aufgestecktes Schild,
So hätt' er nimmer suchen wollen
Im Haus ein treues Frauenbild.

Der Wind spielt drinnen mit den Herzen,
Wie auf dem Dach, nur nicht so laut.
Was fragen sie nach meinen Schmerzen?
Ihr Kind ist eine reiche Braut.

Gefrorene Thränen

Gefrorne Tropfen fallen
Von meinen Wangen ab:
Und ist's mir denn entgangen,
Daß ich geweinet hab'?

Ei Thränen, meine Thränen,
Und seid ihr gar so lau,
Daß ihr erstarrt zu Eise,
Wie kühler Morgenthau?

Und dringt doch aus der Quelle
Der Brust so glühend heiß,
Als wolltet ihr zerschmelzen
Des ganzen Winters Eis.

Erstarrung

Ich such' im Schnee vergebens
Nach ihrer Tritte Spur,
Hier, wo wir oft gewandelt
Selbander durch die Flur.

Ich will den Boden küssen,
Durchdringen Eis und Schnee
Mit meinen heißen Thränen,
Bis ich die Erde seh'.

Wo find' ich eine Blüthe,
Wo sind' ich grünes Gras?
Die Blumen sind erstorben,
Der Rasen sieht so blaß.

Soll denn kein Angedenken
Ich nehmen mit von hier?
Wenn meine Schmerzen schweigen,
Wer sagt mir dann von ihr?

Mein Herz ist wie erfroren,
Kalt starrt ihr Bild darin:
Schmilzt je das Herz mir wieder,
Fließt auch das Bild dahin.

Der Lindenbaum

Am Brunnen vor dem Thore
Da steht ein Lindenbaum:
Ich träumt' in seinem Schatten
So manchen süßen Traum. 113

Ich schnitt in seine Rinde
So manches liebe Wort;
Es zog in Freud' und Leide
Zu ihm mich immer fort.

Ich mußt' auch heute wandern
Vorbei in tiefer Nacht,
Da hab' ich noch im Dunkel
Die Augen zugemacht.

Und seine Zweige rauschten,
Als riefen sie mir zu:
Komm her zu mir, Geselle,
Hier findst du deine Ruh'!

Die kalten Winde bliesen
Mir grad' in's Angesicht,
Der Hut flog mir vom Kopfe,
Ich wendete mich nicht.

Nun bin ich manche Stunde
Entfernt von jenem Ort,
Und immer hör' ich's rauschen:
Du fändest Ruhe dort! 114

Die Post

Von der Straße her ein Posthorn klingt.
Was hat es, daß es so hoch aufspringt,
Mein Herz?

Die Post bringt keinen Brief für dich:
Was drängst du denn so wunderlich,
Mein Herz?

Nun ja, die Post kommt aus der Stadt,
Wo ich ein liebes Liebchen hatt',
Mein Herz!

Willst wohl einmal hinübersehn,
Und fragen, wie es dort mag gehn,
Mein Herz?

Wasserfluth

Manche Thrän' aus meinen Augen
Ist gefallen in den Schnee;
Seine kalten Flocken saugen
Durstig ein das heiße Weh.

Wann die Gräser sprossen wollen,
Weht daher ein lauer Wind,
Und das Eis zerspringt in Schollen,
Und der weiche Schnee zerrinnt.

Schnee, du weißt von meinem Sehnen:
Sag' mir, wohin geht dein Lauf?
Folge nach nur meinen Thränen,
Nimmt dich bald das Bächlein auf.

Wirst mit ihm die Stadt durchziehen,
Muntre Straßen ein und aus:
Fühlst du meine Thränen glühen,
Da ist meiner Liebsten Haus.

Auf dem Flusse

Der du so lustig rauschtest,
Du heller, wilder Fluß,
Wie still bist du geworden,
Giebst keinen Scheidegruß.

Mit harter, starrer Rinde
Hast du dich überdeckt,
Liegst kalt und unbeweglich
Im Sande hingestreckt.

In deine Decke grab' ich
Mit einem spitzen Stein
Den Namen meiner Liebsten
Und Stund' und Tag hinein:

Den Tag des ersten Grußes,
Den Tag, an dem ich ging,
Um Nam' und Zahlen windet
Sich ein zerbrochner Ring.

Mein Herz, in diesem Bache
Erkennst du nun dein Bild?
Ob's unter seiner Rinde
Wohl auch so reißend schwillt?

Rückblick

Es brennt mir unter beiden Sohlen,
Tret' ich auch schon auf Eis und Schnee.
Ich möcht' nicht wieder Athem holen,
Bis ich nicht mehr die Thürme seh'.

Hab' mich an jedem Stein gestoßen,
So eilt' ich zu der Stadt hinaus;
Die Krähen warfen Bäll' und Schloßen
Auf meinen Hut von jedem Haus.

Wie anders hast du mich empfangen,
Du Stadt der Unbeständigkeit!
An deinen blanken Fenstern sangen
Die Lerch' und Nachtigall im Streit.

Die runden Lindenbäume blühten,
Die klaren Rinnen rauschten hell,
Und ach, zwei Mädchenaugen glühten! –
Da war's geschehn um dich, Gesell!

Kömmt mir der Tag in die Gedanken,
Möcht' ich noch einmal rückwärts sehn,
Möcht' ich zurücke wieder wanken,
Vor *ihrem* Hause stille stehn.

Der greise Kopf

Der Reif hatt' einen weißen Schein
Mir über's Haar gestreuet.
Da meint' ich schon ein Greis zu sein,
Und hab' mich sehr gefreuet.

Doch bald ist er hinweggethaut,
Hab' wieder schwarze Haare,
Daß mir's vor meiner Jugend graut –
Wie weit noch bis zur Bahre!

Vom Abendroth zum Morgenlicht
Ward mancher Kopf zum Greise.
Wer glaubt's? Und meiner ward es nicht
Auf dieser ganzen Reise!

Die Krähe

Eine Krähe war mit mir
Aus der Stadt gezogen,
Ist bis heute für und für
Um mein Haupt geflogen.

Krähe, wunderliches Thier,
Willst mich nicht verlassen?
Meinst wohl bald als Beute hier
Meinen Leib zu fassen?

Nun, es wird nicht weit mehr gehn
An dem Wanderstabe.
Krähe, laß mich endlich sehn
Treue bis zum Grabe!

Letzte Hoffnung

Hier und da ist an den Bäumen
Noch ein buntes Blatt zu sehn,
Und ich bleibe vor den Bäumen
Oftmals in Gedanken stehn.

Schaue nach dem einen Blatte,
Hänge meine Hoffnung dran;
Spielt der Wind mit meinem Blatte,
Zittr' ich, was ich zittern kann.

Ach, und fällt das Blatt zu Boden,
Fällt mit ihm die Hoffnung ab,
Fall' ich selber mit zu Boden,
Wein' auf meiner Hoffnung Grab.

Im Dorfe

Es bellen die Hunde, es rasseln die Ketten.
Die Menschen schnarchen in ihren Betten,
Träumen sich Manches, was sie nicht haben,
Thun sich im Guten und Argen erlaben:
Und morgen früh ist Alles zerflossen. –
Je nun, sie haben ihr Theil genossen,
Und hoffen, was sie noch übrig ließen,
Doch wieder zu finden auf ihren Kissen.

Bellt mich nur fort, ihr wachen Hunde,
Laßt mich nicht ruhn in der Schlummerstunde!
Ich bin zu Ende mit allen Träumen –
Was will ich unter den Schläfern säumen?

Der stürmische Morgen

Wie hat der Sturm zerrissen
Des Himmels graues Kleid!
Die Wolkenfetzen flattern
Umher in mattem Streit.

Und rothe Feuerflammen
Ziehn zwischen ihnen hin.
Das nenn' ich einen Morgen
So recht nach meinem Sinn!

Mein Herz sieht an dem Himmel
Gemalt sein eignes Bild –
Es ist nichts als der Winter,
Der Winter kalt und wild!

Täuschung

Ein Licht tanzt freundlich vor mir her;
Ich folg' ihm nach die Kreuz und Quer;
Ich folg' ihm gern, und seh's ihm an,
Daß es verlockt den Wandersmann.
Ach, wer wie ich so elend ist,
Giebt gern sich hin der bunten List,
Die hinter Eis und Nacht und Graus
Ihm weist ein helles, warmes Haus,
Und eine liebe Seele drin –
Nur Täuschung ist für mich Gewinn!

Der Wegweiser

Was vermeid' ich denn die Wege,
Wo die andren Wandrer gehn,
Suche mir versteckte Stege
Durch verschneite Felsenhöhn?

Habe ja doch nichts begangen,
Daß ich Menschen sollte scheun –
Welch ein thörichtes Verlangen
Treibt mich in die Wüstenein?

Weiser stehen auf den Straßen,
Weisen auf die Städte zu,
Und ich wandre sonder Maßen,
Ohne Ruh', und suche Ruh'.

Einen Weiser seh' ich stehen
Unverrückt vor meinem Blick;
Eine Straße muß ich gehen,
Die noch Keiner ging zurück.

Das Wirthshaus

Auf einen Todtenacker
Hat mich mein Weg gebracht.
Allhier will ich einkehren:
Hab' ich bei mir gedacht.

119

Ihr grünen Todtenkränze
Könnt wohl die Zeichen sein,
Die müde Wandrer laden
In's kühle Wirthshaus ein.

Sind denn in diesem Hause
Die Kammern all' besetzt?
Bin matt zum Niedersinken
Und tödtlich schwer verletzt.

O unbarmherz'ge Schenke,
Doch weisest du mich ab?
Nun weiter denn, nur weiter,
Mein treuer Wanderstab!

120

Das Irrlicht

In die tiefsten Felsengründe
Lockte mich ein Irrlicht hin:
Wie ich einen Ausgang finde,
Liegt nicht schwer mir in dem Sinn.

Bin gewohnt das irre Gehen,
’S führt ja jeder Weg zum Ziel:
Unsre Freuden, unsre Wehen,
Alles eines Irrlichts Spiel!

Durch des Bergstroms trockne Rinnen
Wind’ ich ruhig mich hinab –
Jeder Strom wird ’s Meer gewinnen,
Jedes Leiden auch ein Grab.

Rast

Nun merk' ich erst, wie müd' ich bin,
Da ich zur Ruh' mich lege;
Das Wandern hielt mich munter hin
Auf unwirthbarem Wege.   120

Die Füße frugen nicht nach Rast,
Es war zu kalt zum Stehen,
Der Rücken fühlte keine Last,
Der Sturm half fort mich wehen.

In eines Köhlers engem Haus
Hab' Obdach ich gefunden;
Doch meine Glieder ruhn nicht aus:
So brennen ihre Wunden.

Auch du, mein Herz, im Kampf und Sturm
So wild und so verwegen,
Fühlst in der Still' erst deinen Wurm
Mit heißem Stich sich regen!   121

Die Rebensonnen

Drei Sonnen sah ich am Himmel stehn,
Hab' lang' und fest sie angesehn;
Und sie auch standen da so stier,
Als könnten sie nicht weg von mir.
Ach, *meine* Sonnen seid ihr nicht!
Schaut Andren doch in's Angesicht!
Ja, neulich hatt' ich auch wohl drei:
Nun sind hinab die besten zwei.
Ging' nur die dritt' erst hinterdrein!
Im Dunkel wird mir wohler sein.

Frühlingstraum

Ich träumte von bunten Blumen,
So wie sie wohl blühen im Mai,
Ich träumte von grünen Wiesen,
Von lustigem Vogelgeschrei.

Und als die Hähne krähten,
Da ward mein Auge wach;
Da war es kalt und finster,
Es schrieen die Raben vom Dach.

121

Doch an den Fensterscheiben
Wer malte die Blätter da?
Ihr lacht wohl über den Träumer,
Der Blumen im Winter sah?

Ich träumte von Lieb' um Liebe,
Von einer schönen Maid,
Von Herzen und von Küssen,
Von Wonn' und Seligkeit.

Und als die Hähne krähten,
Da ward mein Herze wach;
Nun sitz' ich hier alleine
Und denke dem Traume nach.

Die Augen schließ' ich wieder,
Noch schlägt das Herz so warm.
Wann grünt ihr Blätter am Fenster?
Wann halt' ich dich, Liebchen, im Arm?

122

Einsamkeit

Wie eine trübe Wolke
Durch heitre Lüfte geht,
Wann in der Tanne Wipfel
Ein mattes Lüftchen weht:

So zieh' ich meine Straße
Dahin mit trägem Fuß,
Durch helles, frohes Leben,
Einsam und ohne Gruß.

Ach, daß die Lust so ruhig!
Ach, daß die Welt so licht!
Als noch die Stürme tobten,
War ich so elend nicht.

Muth!

Fliegt der Schnee mir in's Gesicht,
Schüttl' ich ihn herunter.
Wenn mein Herz im Busen spricht,
Sing' ich hell und munter.

Höre nicht, was es mir sagt,
Habe keine Ohren.
Fühle nicht, was es mir klagt,
Klagen ist für Thoren.

Lustig in die Welt hinein
Gegen Wind und Wetter!
Will kein Gott auf Erden sein,
Sind wir selber Götter.

Der Leiermann

Drüben hinter'm Dorfe
Steht ein Leiermann,
Und mit starren Fingern
Dreht er was er kann.

Barfuß auf dem Eise
Schwankt er hin und her;
Und sein kleiner Teller
Bleibt ihm immer leer.

Keiner mag ihn hören,
Keiner sieht ihn an;
Und die Hunde brummen
Um den alten Mann.

Und er läßt es gehen
Alles, wie es will,
Dreht, und seine Leier
Steht ihm nimmer still.

Wunderlicher Alter,
Soll ich mit dir gehn?
Willst zu meinen Liedern
Deine Leier drehn?

Biographie

1794   *7. Oktober:* Johann Ludwig Wilhelm Müller wird in Dessau als sechstes Kind des Schneidermeisters Christian Leopold Müller und seiner Frau Marie Leopoldine, geb. Cellarius, geboren.

Noch vor seinem dritten Geburtstag sterben alle anderen Geschwister.

Längere Krankheiten des Vaters bringen die Familie in eine finanzielle Notsituation.

Umsichtige protestantische Erziehung im Elternhaus, verbunden mit Reisen nach Frankfurt, Dresden und Weimar.

1800   Besuch der Dessauer Hauptschule, deren Oberklasse auf das Universitätsstudium vorbereitet (bis 1812).

1808   Tod der Mutter.

1809   Zweite Heirat des Vaters mit Marie, verw. Seelmann, geb. Gödel, der wohlhabenden Witwe eines Fleischermeisters.

1812   Müller legt die Reifeprüfung ab.

3. Juli: Immatrikulation an der Philosophischen Fakultät der Universität Berlin zum Studium der klassischen Philologie und Germanistik.

1813   *Februar:* Eintritt in das preußische Heer als freiwilliger Garde-Jäger.

Müller nimmt an den Schlachten von Groß-Görschen bei Lützen, Hainau bei Liegnitz, Bautzen und Kulm in Böhmen teil.

Oktober: Dienst im Depot in Prag.

1814   Dienst im Kommandantenbüro in Brüssel.

Ernennung zum Leutnant.

Freundschaft mit Friedrich Ludwig Jahn.

Eine unglückliche Liebesbeziehung zu einer jungen Frau in Brüssel löst eine Lebenskrise aus.

Friedrich von Kalkreuth, Georg von Blankensee, Wilhelm Hensel u.a. schließen sich unter Leitung von Müller zu einer Gemeinschaft zusammen.

November: Abreise aus Brüssel und Rückkehr über Dessau nach Berlin zur Fortsetzung des Studiums.

1815   *Juli:* Aufnahme in die »Berlinische Gesellschaft für deutsche Sprache«, deren Sitzungen Müller bis 1817 besucht.

Freundschaft mit Gustav Schwab.

Bekanntschaft mit Achim von Arnim, Clemens Brentano, Ludwig Tieck u.a.

Freundschaft zu dem jungen Maler Wilhelm Hensel. Liebesbeziehung zu dessen Schwester Luise.

1816   *Januar:* Der Freundeskreis gibt die Gedichtsammlung »Bundesblüthen« heraus, in der auch erste dichterische Arbeiten Müllers veröffentlicht werden.

Mai: Müller wird Mitglied des geselligen Kreises im Hause des Staatsrats Friedrich August von Stägemann. In diesem Salon wird ein gesellig-poetisches Liederspiel gespielt, aus dem der lyrische Zyklus »Die schöne Müllerin« hervorgeht.

Müllers Sammlung »Blumenlese aus den Minnesängern« enthält Übertragungen mittelhochdeutscher Dichtungen, ergänzt durch eine Vorrede »Über den Deutschen Minnesang«.

Abschluß des Studiums.

1817   Müller überträgt Christopher Marlowes »The Tragical History of the Life an Death of Doctor Faustus« ins Deutsche, das 1818 mit einem Vorwort von Achim von Arnim erscheint.

August: Im Auftrag der Berliner Akademie wird er Reisebegleiter des Barons Albert von Sack auf dessen wissenschaftlicher Reise nach Italien, Griechenland und Ägypten (bis 1818).

September-Oktober: Aufenthalt in Wien.

November: Abreise aus Wien nach Italien.

1818   *Januar:* Ankunft in Rom.

April: Als sich der Aufenthalt in Rom zu sehr ausweitet und die Weiterreise gefährdet ist, kommt es zu Auseinandersetzungen zwischen Sack und Müller, die zum Abbruch der Beziehungen führen.

April-Mai: Aufenthalt in Neapel, Ausflüge nach Pompeji und Paestum, anschließend Rückkehr nach Rom.

Juni-August: Aufenthalt in Albano. Freundschaft mit Per Daniel Amadeus Atterbom.

September: Aufenthalt in Florenz.

November: Aufenthalt in München.

Dezember: Über Dresden reist Müller nach Dessau.

Er arbeitet an einer Übersetzung der »Nibelungen«, von der jedoch nichts erscheint.

1819   *April:* Müller erhält eine Anstellung als Lehrer für Lateinisch und Griechisch am Gymnasium in Dessau und wird zugleich Assistent an der Herzoglichen Bibliothek.

August: Besuch in Berlin.

Dezember: Beginn der Zusammenarbeit mit dem Verleger Friedrich Arnold Brockhaus in Leipzig.

1820   *Januar:* Ernennung zum Herzoglichen Bibliothekar in Dessau. Herausgabe der Zeitschrift »Askania. Zeitschrift für Leben, Literatur und Kunst«, von der jedoch nur sechs Hefte erscheinen.

April: Besuch in Leipzig.

»Rom, Römer und Römerinnen. Eine Sammlung vertrauter Briefe aus Rom und Albano mit einigen späteren Zusätzen und Belegen« (2 Bände).

Juli: Müller wird in die Freimaurerloge »Minerva zu den drei Palmen« in Leipzig aufgenommen.

Juli-August: Vierwöchiger Aufenthalt in Dresden.

Die Lyriksammlung »Siebenundsiebzig Gedichte aus den hinterlassenen Papieren eines reisenden Waldhornisten« (2. Band 1824), enthält die Gedichtzyklen »Die schöne Müllerin« (Band 1) und »Die Winterreise« (Band 2), die in den späteren Vertonungen von Franz Schubert herausragende Bekanntheit erlangen.

Verlobung mit Adelheid Basedow.

1821   *21. Mai:* Heirat mit Adelheid Basedow.

Juli-August: Reise nach Dresden und Leipzig gemeinsam mit seiner Frau.

Müller ergreift öffentlich Partei für den Freiheitskampf der Griechen gegen die Türken.

Die ersten Hefte der »Lieder der Griechen« (zweiter Band 1822) bringen ihm den Beinamen »Griechen-Müller« ein. Noch im gleichen Jahr erscheint eine erweiterte Neuauflage des ersten Bandes.

1822   Müller gibt bei Brockhaus die »Bibliothek deutscher Dichter des siebzehnten Jahrhunderts« heraus (10 Bände bis 1827, dann von Karl Förster bis 1838 fortgesetzt).

20. April: Geburt der Tochter Auguste.

Juli-August: Aufenthalt in Dresden, auf der Rückreise Besuch in Leipzig.

Oktober: Teilnahme am Musikfest in Magdeburg.

»Neue Lieder der Griechen. 1. Heft« (2. Heft 1823).

1823 *Januar:* Müller ist mit der Dessauer Liedertafel zu Gast bei der Leipziger Liedertafel.
März: Besuch in Leipzig.
Mai: Besuch in Dresden.
Juli: Zweiwöchiger Aufenthalt in Berlin.
Beginn der Zusammenarbeit mit dem Verleger Johann Friedrich Cotta in Stuttgart.
6. Dezember: Geburt des Sohnes Friedrich Maximilian.

1824 »Neueste Lieder der Griechen«.
Mai-Juni: Reise über Leipzig nach Dresden, Aufenthalt in der Villa Grassi im Plauenschen Grund.
Müller veröffentlicht unter dem Titel »Homerische Vorschule« eine Einführung in die »Ilias« und die »Odyssee«.
Juli: Reise nach Quedlinburg zur Feier des 100. Geburtstages von Friedrich Gottlieb Klopstock.
August: Ernennung zum Hofrat.
Freundschaft mit Johann Ludwig Tieck.

1825 *März-April:* Aufenthalt in Berlin gemeinsam mit seiner Frau.
Mai: Müllers Biographie »Lord Byron« erscheint in »Zeitgenossen. Biographien und Charakteristiken«.
Juli-August: Besuch bei Adolph Friedrich Furchau. Wanderungen auf der Insel Rügen, Aufenthalte in Putbus, Stralsund und Rostock. Auf der Rückkreise Besuch in Berlin.
Übersetzung der »Neugriechischen Volkslieder«.
Dezember: Gemeinsam mit Georg Hassel übernimmt Müller die Redaktion für die II. Sektion der »Allgemeinen Enzyklopädie der Wissenschaften und Künste« von Ersch/Gruber.

1826 *März:* Müller steckt sich bei seinen Kindern mit Keuchhusten an. Zur Genesung stellt ihm der Herzog eine Wohnung in seinem Park Luisium außerhalb der Stadt zur Verfügung.
Die Novelle »Der Dreizehnte« erscheint in der Zeitschrift »Gesellschafter«.
Juli-August: Kuraufenthalt in Franzensbad gemeinsam mit Alexander Baron von Simolin.
August: Rückkreise über Wunsiedel, Bayreuth, Nürnberg, Bamberg, Coburg, Weimar und Leipzig nach Dessau.
Müller ist Mitarbeiter an verschiedenen Zeitschriften, u.a. am

»Literarischen Conversationsblatt«, an der »Halleschen Literaturzeitung«, am »Hermes« und an den Berliner »Jahrbüchern für wissenschaftliche Kritik«.

Weitere Griechenlieder erscheinen unter dem Titel »Missolunghi«.

30. Oktober: Einzug in die neue Dienstwohnung im Bibliotheksgebäude.

Übernahme der Regietätigkeit am Herzoglichen Schloßtheater.

1827 *Juni:* Zweiwöchige Krankheit. Müller erhält eine Beurlaubung von allen Amtsgeschäften bis Michaelis.

»Lyrische Reisen und epigrammatische Spaziergänge«.

31. Juli – 25. September: Erholungsreise gemeinsam mit seiner Frau, u.a. nach Frankfurt am Main, Koblenz, Wiesbaden, Heidelberg, Karlsruhe, Baden-Baden, Straßburg und Stuttgart. Besuche bei Gustav Schwab und Justinus Kerner. Bekanntschaft mit Ludwig Uhland, Wolfgang Menzel und Wilhelm Hauff.

30. September: Wilhelm Müller stirbt im Alter von 33 Jahren in Dessau, vermutlich infolge eines Nervenschlags.

Erzählungen aus dem Biedermeier

Biedermeier - das klingt in heutigen Ohren nach langweiligem Spießertum, nach geschmacklosen rosa Teetässchen in Wohnzimmern, die aussehen wie Puppenstuben und in denen es irgendwie nach »Omma« riecht.

Zu Recht. Aber nicht nur.

Biedermeier ist auch die Zeit einer zarten Literatur der Flucht ins Idyll, des Rückzuges ins private Glück und der Tugenden. Die Menschen im Europa nach Napoleon hatten die Nase voll von großen neuen Ideen, das aufstrebende Bürgertum forderte und entwickelte eine eigene Kunst und Kultur für sich, die unabhängig von feudaler Großmannssucht bestehen sollte.

Georg Büchner Lenz **Karl Gutzkow** Wally, die Zweiflerin **Annette von Droste-Hülshoff** Die Judenbuche **Friedrich Hebbel** Matteo **Jeremias Gotthelf** Elsi, die seltsame Magd **Georg Weerth** Fragment eines Romans **Franz Grillparzer** Der arme Spielmann **Eduard Mörike** Mozart auf der Reise nach Prag **Berthold Auerbach** Der Viereckig oder die amerikanische Kiste

ISBN 978-3-8430-1884-5, 444 Seiten, 29,80 €

Erzählungen aus dem Biedermeier II

Annette von Droste-Hülshoff Ledwina **Franz Grillparzer** Das Kloster bei Sendomir **Friedrich Hebbel** Schnock **Eduard Mörike** Der Schatz **Georg Weerth** Leben und Taten des berühmten Ritters Schnapphahnski **Jeremias Gotthelf** Das Erdbeerimareili **Berthold Auerbach** Lucifer

ISBN 978-3-8430-1885-2, 440 Seiten, 29,80 €

Erzählungen aus dem Biedermeier III

Eduard Mörike Lucie Gelmeroth **Annette von Droste-Hülshoff** Westfälische Schilderungen **Annette von Droste-Hülshoff** Bei uns zulande auf dem Lande **Berthold Auerbach** Brosi und Moni **Jeremias Gotthelf** Die schwarze Spinne **Friedrich Hebbel** Anna **Friedrich Hebbel** Die Kuh **Jeremias Gotthelf** Barthli der Korber **Berthold Auerbach** Barfüßele

ISBN 978-3-8430-1886-9, 452 Seiten, 29,80 €

Erzählungen der Frühromantik

1799 schreibt Novalis seinen Heinrich von Ofterdingen und schafft mit der blauen Blume, nach der der Jüngling sich sehnt, das Symbol einer der wirkungsmächtigsten Epochen unseres Kulturkreises. Ricarda Huch wird dazu viel später bemerken: »Die blaue Blume ist aber das, was jeder sucht, ohne es selbst zu wissen, nenne man es nun Gott, Ewigkeit oder Liebe.«

Tieck Peter Lebrecht **Günderrode** Geschichte eines Braminen **Novalis** Heinrich von Ofterdingen **Schlegel** Lucinde **Jean Paul** Des Luftschiffers Giannozzo Seebuch **Novalis** Die Lehrlinge zu Sais
ISBN 978-3-8430-1878-4, 416 Seiten, 29,80 €

Erzählungen der Hochromantik

Zwischen 1804 und 1815 ist Heidelberg das intellektuelle Zentrum einer Bewegung, die sich von dort aus in der Welt verbreitet. Individuelles Erleben von Idylle und Harmonie, die Innerlichkeit der Seele sind die zentralen Themen der Hochromantik als Gegenbewegung zur von der Antike inspirierten Klassik und der vernunftgetriebenen Aufklärung.

Chamisso Adelberts Fabel **Jean Paul** Des Feldpredigers Schmelzle Reise nach Flätz **Brentano** Aus der Chronika eines fahrenden Schülers **Motte Fouqué** Undine **Arnim** Isabella von Ägypten **Chamisso** Peter Schlemihls wundersame Geschichte **Hoffmann** Der Sandmann **Hoffmann** Der goldne Topf
ISBN 978-3-8430-1879-1, 408 Seiten, 29,80 €

Erzählungen der Spätromantik

Im nach dem Wiener Kongress neugeordneten Europa entsteht seit 1815 große Literatur der Sehnsucht und der Melancholie. Die Schattenseiten der menschlichen Seele, Leidenschaft und die Hinwendung zum Religiösen sind die Themen der Spätromantik.

Brentano Die drei Nüsse **Brentano** Geschichte vom braven Kasperl und dem schönen Annerl **Hoffmann** Das steinerne Herz **Eichendorff** Das Marmorbild **Arnim** Die Majoratsherren **Hoffmann** Das Fräulein von Scuderi **Tieck** Die Gemälde **Hauff** Phantasien im Bremer Ratskeller **Hauff** Jud Süss **Eichendorff** Viel Lärmen um Nichts **Eichendorff** Die Glücksritter
ISBN 978-3-8430-1880-7, 440 Seiten, 29,80 €